DE LA

RÉFORME ADMINISTRATIVE,

PAR

CHARLES DE VALORI.

TIRÉ DE L'OPINION PUBLIQUE D'OCTOBRE 1848.

————⋄o○o⋄————

> ..... Pour établir l'édifice social, il faut
> commencer par en relever les bases ; car
> la société générale ne peut être composée
> qu'à l'aide des sociétés particulières qui en
> forment la première œuvre.
>
> BÉCHARD.
> (*Essai sur la Centralisation.*)

————⋄o○o⋄————

Chez MAZEAU, libraire-éditeur, rue de l'Évêché ;
CH. GAILMARD, imprimeur, rue du Pas-Périlleux, 10.

1848.

DE LA

RÉFORME ADMINISTRATIVE.

En abordant cette question , nous avons désiré mettre sous les yeux de nos lecteurs un ensemble aussi complet et aussi succinct que possible de tous les points de vue sous lesquels on peut considérer la décentralisation administrative en France.

La nécessité de compter avec l'esprit de localité a toujours été reconnue par tous les philosophes, par tous les penseurs politiques, depuis le président Henault jusqu'à Puffendorf, Henrion de Pansey, Benjamin Constant.

Nous allons donc essayer de résumer cette question.

CAUSES

L'AGITATION ACTUELLE DES ESPRITS.

D'où vient le mouvement qui agite les esprits, quelle est sa source, quel doit être son résultat?

Pour répondre à ces questions, il faut chercher dans l'histoire de notre civilisation si rien de semblable ne s'est déjà produit.

Notre époque marche tellement sur des principes faussés, sur des données égoïstes, qu'elle ne discute plus que les situations occasionnelles, et nous disons avec M. de Rémusat : « La grande affaire du siècle porte un nom retentissant, elle s'appelle révolution! ... » Malheureusement les révolutions ne sont retentissantes que par le bruit des décombres qu'elles amoncellent, débris dont les partis se servent pour lutter entre eux.

Aussi, avant d'examiner notre situation, cherchons ses causes philosophiques et historiques ; du plus ou moins d'honnêteté de leur nature, nous déduirons leur plus ou moins de stabilité.

Montesquieu l'a dit : la corruption des gouvernements commence toujours par celle des principes ; il faut qu'une démocratie, une aristocratie, une monarchie soit réellement démocratie, aristocratie ou monarchie ; hors de ces bases, ce sont des gouvernements mixtes, toujours mobiles ; gouvernements constitutionnels qui sont tout et rien ; cherchons donc quelle est notre civilisation, quel principe la fortifie, quelle différence existe entre elle et l'esprit d'un peuple ; examinons enfin si nous avons atteint son but.

La civilisation générale, mouvement qui fait graviter l'esprit humain autour de la perfection, qu'il ne peut jamais rencontrer, est la recherche des moyens de bien-être moraux et physiques, un balancier que les vertus d'un peuple élèvent d'un côté, tandis que ses vices le précipitent de l'autre. Elle n'est pas une dans le monde, elle n'a pas marché ni progressé uniformément jusqu'à nos jours ; il y a autant de civilisations diverses qu'il a existé de grands empires ; leur fait général est une certaine mesure de sociabilité qui ne peut, d'après la nature de l'homme, ni durer toujours ni stationner indéfiniment ; qui, loin de l'action primitive du décret divin, ne peut même retourner à son point de départ patriarcal.

Le but de la civilisation est multiple ; il se compose de l'organisation morale et matérielle d'une nation. Comment préparer ce résultat ? Tel est le point sur lequel les hommes d'État se divisent en deux grandes écoles. Les uns, et de nos jours ce parti s'est nommé doctrinaire, puis il a été dépassé par les socialistes, qui ont poussé les conséquences plus avant ; les uns, dis-je, ont essayé de diriger la société française par l'amélioration matérielle pour atteindre l'amélioration morale. Les autres prétendent que de la moralisation seule peut résulter une organisation durable. La première école développe le sensualisme, germe de la plupart des vices de l'homme ; elle facilite ses passions, mobile des bouleversements, et n'obtient qu'un résultat de courte durée. Avec ce système, les théories individuelles prennent leur essor, provoquent l'égoïsme, qui éteint les sentiments de nationalité et d'honneur.

La seconde école donne de la durée aux nations, elle exerce sa puissance, principalement lorsqu'une société s'établit ou se réorganise ; en cherchant le but moralisateur, elle répartit son influence sur la société par l'individu, marche qu'a suivie le christianisme, auquel on ne peut refuser la plus belle part dans le progrès de la civilisation européenne.

Nous croyons d'autant plus que la société doit être mieux ou moins bien constituée selon le plus ou le moins de moralisation de l'individu, que, pour nous, le moment de la plus grande somme d'intelligence d'un peuple n'est pas, par ce seul fait, le moment de sa civilisation la plus avancée.

En effet, cette faculté de conception plus étendue, plus rapide, est parfaitement séparée de la moralisation, qui agit sur tous les êtres, qu'ils aient de belles ou de médiocres facultés intellectuelles; elle peut donner plus de ressources à l'esprit, mais non pas des bases solides pour régler les passions; bref, un homme peut parfaitement, avec son intelligence, concevoir le bien et ne pas le faire, tandis que la morale vient lui indiquer non-seulement ce qu'il peut, mais ce qu'il doit. La morale, cet ange gardien des peuples, agit sur tous les points de la société; l'intelligence n'existe que par exception et dans une faible partie d'une nation. Aussi la faute que nous reprochons à l'école doctrinaire, c'est de confondre dans la pratique l'esprit intellectuel et l'esprit moral, ce qui lui fait poursuivre à priori le développement des institutions physiques.

De ce qu'une nation ait poussé très-loin la civilisation matérielle, il ne s'ensuit pas que cette nation ne puisse être profondément démoralisée; ce qui nous fait dire qu'en travaillant à l'amélioration physique on ne marche pas vers l'amélioration morale; mais qu'en cherchant l'amélioration morale on produit les deux résultats, résultats entièrement liés, il est vrai, mais en tant que la morale est la cause, et l'organisation matérielle l'effet.

Chaque civilisation particulière des peuples a vécu, progressé, et elle est morte, parce que la civilisation générale l'a modifiée, puis absorbée ; mais la conséquence de cette action générale en Europe n'est pas l'unité universelle, que rêvent les socialistes. Cette atonie, cette neutralisation de l'esprit particulier des peuples d'un continent, fruit d'une civilisation arrivée à l'extrême possible, s'est déjà montrée : l'empire romain est l'exemple de cette action générale anihilant les civilisations particulières.

Maintenant, il est vrai, ces civilisations particulières se sont fondues dans un grand tout qui ne peut aller plus loin ; le désordre leur succède, dans d'autres conditions sociales ; la force ethnographique se révèle, non plus par des invasions matérielles, mais par des résurrections morales, qui relèveront les nationalités dans un temps plus ou moins long. Cette marche n'est pas nouvelle, c'est une époque de calme, qui cède la place à une époque de diffusion, de déclassement définitif, d'où sort la tendance civilisatrice générale, et toujours ainsi, de proche en proche, du point de départ particulier au point d'arrivée général, et réciproquement.

De nos jours, le mécanisme de la civilisation a joué avec d'autant plus de rapidité que l'imprimerie a propagé plus vite les idées, les éléments multiples des luttes sociales ; mais quand ces théories se seront expérimentées, se seront épuisées, la civilisation politique réelle succèdera à la civilisation factice, fille de l'éclectisme.

Nous voyons deux sortes de civilisations et deux théories de civilisation :

La civilisation particulière à chaque peuple, dirigée par l'esprit ethnographique, modifiée par la position géographique générale, résultat des civilisations particulières ;

La théorie matérialiste et la théorie spiritualiste, l'une qui cherche l'absolu, l'autre qui ne cherche que le possible ; l'une mère de la *doctrine*, religion du fait accompli qui, le jour de sa défaite, perd son principe ; la seconde, fille du christianisme, qui subsiste malgré les attaques et dans les jours de revers, comme au jour du triomphe.

Il résulte de ces réflexions que la civilisation doctrinaire qui nous domine est matérialiste; que, conjointement avec l'état de la civilisation générale et particulière, elle a engendré ce que nous appellerons volontiers l'ébullition morale et politique de notre époque, et que cet état est transitoire; c'est le principe d'où découle, par la révolution de 89, la centralisation excessive.

L'intérêt matériel nous a éloignés de nos foyers respectifs, ces foyers sont éteints; le centre seul possède la vie, il faut donc que l'intérêt nous ramène sous le toit de nos pères; la centralisation est fille d'une crise qui finit, il faut qu'un nouvel état de choses guérisse le mal par un remède opposé à la cause qui l'a produit.

Pour diriger sans accident notre époque vers ce but, pour agir avec discernement, il faut examiner la marche qu'a suivie notre esprit national dans le passé, au milieu des phases et des commotions diverses de notre pays.

Si la civilisation a une action générale, l'esprit d'un peuple lui est propre et n'a d'action directe que sur sa civilisation particulière. Cet esprit, ce levier dont il se sert pour ramener les crises qui s'en détournent à leur véritable objet, réagit sur la civilisation, en même temps qu'elle agit sur lui. Mais avant de suivre sa marche depuis le commencement de la monarchie française, il faut établir les faits généraux au milieu desquels il peut rester endormi, se montrer et se développer.

Établissons donc la différence qui existe entre les crises sociales et les révolutions. Les unes, filles de l'esprit d'une nation, sont l'effort de cet esprit pour échapper à une pression qui s'opère sur lui; elles sont l'œuvre du temps et de la nation. Les révolutions, au contraire, sont l'œuvre des minorités ou des partis, c'est contre elles que la crise agit, ce sont de fausses crises qui arrêtent et font dévier l'action directe de l'esprit public.

Nous voyons trois sortes de crises et de révolutions, ayant chacune leurs causes particulières. Les révolutions de conquête, qui viennent de l'asservissement par l'étranger ; celles des partis, qui naissent par la diversité des principes, par l'interprétation contradictoire des coutumes d'un peuple, par le fait des ambitions particulières, par l'abus qu'un pouvoir fait de ses forces ; enfin, et celles-ci sont rares, les crises qui, précédées ordinairement de révolutions, ont leur cause dans une civilisation extrême détournée de son but moral, et dans la propagande et le dévergondage de toutes les utopies.

Tant il est vrai qu'aux époques de la plus grande force des peuples, il se mêle au principe qui les fait vivre et les élève, le principe qui doit les faire périr ; et la lutte politique est d'autant plus acharnée, qu'elle est plus spéculative, et que plus libre cours est donné à toutes les théories qui naissent sous les doigts de la philosophie. Or toutes les histoires sont là pour nous montrer que les révolutions conduites par les abstractions sont les plus terribles. Pour n'en citer qu'un exemple, n'est-il pas évident que les guerres civiles des Bataves, occasionnées par les sectes, élevèrent plus de bûchers que les conquérants espagnols n'avaient élevé d'échafauds.

Au milieu de ces trois sortes de révolutions qui ont bouleversé successivement notre patrie, quel est donc l'esprit qui les a traversées ? nous espérons prouver que c'est l'esprit d'indépendance, l'esprit anticentralisateur. Cette tendance s'est manifestée à toutes les époques, elle s'est ravivée au commencement de toutes les périodes de notre histoire, elle a toujours été le dénouement des crises qui nous ont préoccupé.

Si l'histoire de la civilisation a trois époques, celle de l'esprit public en France a quatre périodes avant 89. Chacune d'elles est précédée d'un mouvement religieux qui la moralise, ou d'un mouvement philosophique qui la démoralise.

La première naît avec la conquête, c'est un classement; la seconde commence aux croisades, c'est le développement des esprits et des droits; la troisième date de Louis XI, c'est l'intelligence perfectionnée, c'est la discussion politique et religieuse; la quatrième part de Louis XIV; la lutte religieuse prépare la lutte philosophique.

A dater de 1779, on se débat au milieu des théories semées par les philosophes; cette période nous conduit à 1848, époque qui, préparée par la démoralisation, conséquence de la centralisation excessive, donne prise au mouvement socialiste, dernier terme du désordre.

Nous allons donc en quelques mots décrire, s'il est possible, le travail de l'esprit public dans chacune de ces époques, afin de comparer les faits modernes aux faits anciens, et dans l'enchaînement des causes trouver l'enchaînement des résultats.

DE L'ESPRIT

DE

DÉCENTRALISATION EN FRANCE.

La nature de notre esprit public doit se ressentir de notre origine; c'est notre essence barbare qui a pris racine dans les débris de la civilisation romaine; la municipalité était le fait romain, l'indépendance était le fait barbare, et ces deux principes de notre nature marchent dans un même chemin : heureuse combinaison de deux forces qui se modèrent mutuellement sans se détruire, et qui ont engendré nos tendances décentralisatrices, tendances qui firent repousser, comme le dit M. Guizot, l'espèce de centralisation qu'un décret d'Honorius et de Théodose le Jeune voulait imposer à la Gaule en 418.

Si nous interrogeons l'histoire sous ce double point de vue, nous discernerons le moteur caché de toutes nos commotions politiques, et la satisfaction que nous devons lui donner.

La première période, qui comprend de la fondation aux croisades, est une époque barbare où la décentralisation est dans son extrême nuisible ; les intérêts individuels, multipliés par la conquête, occupent les conquérants à l'asservissement des conquis ; des groupes se forment autour des chefs, c'est un guerrier qui s'entoure de *clients*. La religion joue son rôle, et nous comprenons d'autant moins l'âpreté de l'ancien libéralisme envers le clergé, qu'on le voit, dès cette époque, faire un appel incessant à l'émancipation ; du VIe au VIIIe siècle, il devance déjà le mouvement général des esprits, qui va surgir au XIIIe siècle et se développer jusqu'à la crise de 1779.

Les moines, primitivement liés avec les évêques, réclament leur indépendance ; leur résistance amène les premières chartes, où respire l'esprit d'affranchissement ; ils sollicitent l'intervention des rois et des papes, auxquels cependant ils ne s'enchaînent pas ; c'est la naissance de cet esprit décentralisateur qui se nomma plus tard gallicanisme, dont les traces religieuses se découvrent à dater de la pragmatique sanction de 1268, jusqu'à la constitution civile du clergé de 1790. C'est le christianisme qui, tout en cherchant à lier les hommes entre eux par sa morale charitable, donne l'exemple de la décentralisation administrative.

Charlemagne accorde les bienfaits d'une première législation ; mais il se garde bien d'attaquer les droits municipaux et individuels des innombrables parties de son empire ; il ne lui est pas donné de détruire ce que la civilisation romaine n'a pu déraciner, parce que la puissance de la nation est indépendante de la puissance de l'État. Ce grand législateur reconnaît dans ses capitulaires les moindres droits de ses sujets; les comtes, les vicaires, les centeniers, germes de la féodalité, sont la première organisation administrative, dont l'essence est opposée à l'esprit centralisateur.

La coïncidence entre l'esprit des administrateurs et celui des administrés décide les agglomérations, qui plus tard forcent les communes à se dessaisir d'une partie de leur sauvage indépendance.

Mais ce pouvoir ne vient que d'elles et non de l'État : il n'est que l'usufruitier d'une faible partie de cette indépendance ; du moment où sa part devient plus forte que celle du propriétaire, dès ce moment ce dernier peut à juste titre élever ses réclamations.

La deuxième période prend des croisades à Charles VII et Louis XI; elle nous montre l'esprit du droit qui se mêle à l'esprit du devoir, déjà répandu par le génie catholique, et que quelques novateurs développent au profit des municipalités.

Sous Philippe-Auguste, le pouvoir avait de grandes limites, qu'il voulut étendre sur la féodalité, mais tout en augmentant les privléges particuliers aux communes.

Saint Louis suivit la même marche, et nous le voyons, dans l'édit de 1254, reconnaître la puissance des trois états en ordonnant aux sénéchaux de ne pas établir d'impôts sans avoir consulté auparavant les trois classes de la nation, et l'esprit de cet édit reparaît pendant tout le règne de ce prince dans tous ses *établissements.*

Philippe le Bel, au contraire, voulant empiéter sur les droits de localité, fit naître le mécontentement, et ce prince dut convoquer des assemblées nationales pour donner satisfaction au mouvement des esprits. Une plus grande générosité dans les hautes classes, plus de dignité dans les autres, amena l'affranchissement des communes. Cet affranchissement donna lieu à l'organisation corporative, qui moralisa les individus en rendant l'association entière solidaire de leurs actions. Malgré leurs premières tendances, les États de 1355 comprirent enfin ce grand fait moralisateur, et la chevalerie devint la plus étendue et la plus forte de ces corporations.

Partout et toujours, à côté des efforts d'envahissement sur les communes, nous trouverons la résistance de l'esprit national. Les états de 1355 échouèrent dans leurs tentatives régulatrices. Une ordonnance de l'Université de 1443, ayant paru dans le même sens, eut le même sort; chaque fois, au contraire, que le pouvoir voulut retremper sa force, fortifier ses droits, il gagna les municipalités par des priviléges et des libertés.

Jusqu'à la fin de cette période, les communes affranchies s'étaient contenté de repousser les agressions féodales; mais à dater de Charles VII, elles font cause commune avec les rois.

A cette troisième phase, l'esprit français s'éloigne un peu de sa tendance décentralisatrice, ce qui fait succéder la puissance royale à la puissance de la féodalité. Les états de 1483 cherchent à organiser l'administration, et le peu qu'ils enlèvent aux communes passe inaperçu. Le commerce, établissant des relations entre la noblesse et le peuple, donne naissance à l'aristocratie municipale, la bourgeoisie, qui, liguée avec les rois, prépare leur chute en les aidant à renverser leur propre point d'appui; les états de 1560 ne changent rien à cet état de choses; Richelieu y met la dernière main. Les états de 1558 avaient tenté de diminuer les abus survenus dans l'administration des municipalités, mais non de les centraliser; la centralisation, en absorbant l'administration, ne détruit pas par ce

fait les abus, elle les centralise, elle s'en sert pour le despotisme des pouvoirs.

Aussi le fait de cette époque calme graduellement l'esprit
public, en diminuant son individualité par l'absorbtion des communes, résultat de leur alliance avec le pouvoir, qui eut le talent
de ne point détruire le germe des institutions primitives. Mais
les états de Blois, tout en réglant l'administration, rétablissent
certains droits des communes, étouffés par les abus particuliers.

Henri IV, ce grand organisateur du bien public, reconnaît
la nécessité d'abriter sa responsabilité sous les vœux des états.

A ceux de Rouen il prononça ces paroles mémorables :
« Je vous ai fait assembler pour recevoir vos conseils, pour
les croire, pour les suivre, bref pour me mettre en tutelle
entre vos mains. »

Malgré l'absorbtion de cette époque, le droit vient ébranler
le fait, et marque le passage de l'esprit idéaliste à l'esprit spé-
culatif, qui prépare le premier élan de l'esprit expérimental.
Les schismes d'Allemagne, introduits en France, transforment
la scolastique en philosophie politique, et conduisent l'esprit
public à sa quatrième période.

Celle-ci porte les fruits semés par Louis XI et Richelieu ; la
mésintelligence existe entre toutes les classes, qui se trompent
mutuellement. La bourgeoisie avait soutenu les rois contre la
noblesse, puis la noblesse contre les rois ; elle commence à les
abandonner tous les deux quand elle les a affaiblis l'un par
l'autre ; dans cette période, la bourgeoisie anihile l'action du
peuple des campagnes, classe la plus nombreuse du royaume,
et depuis ce temps parle en son nom, tout en ne servant
aucunement ses intérêts.

Colbert prépare réellement la réforme administrative, mais
non pas son régime absolu. Dès ce moment, les parlements
commencèrent une lutte au nom des provinces, lutte compri-
mée, dans son principe, par la puissante main de Louis XIV,

mais qui prend toute son extension à la mort du grand roi, dont la politique chercha toujours dans les ordonnances à calquer les capitulaires de Charlemagne et les établissements de 1270.

Cette lutte des parlements n'est pas une des moindres causes de la crise sociale; ils veulent dériver à leur profit particulier les réclamations de l'esprit provincial; cette ambition personnelle leur fit mettre obstacle au commencement d'organisation provinciale qu'en 1779 Louis XVI avait entrepris, d'après les conseils de Mirabeau l'économiste, entrant ainsi dans l'esprit de la crise qui se préparait.

Cette direction était le résultat des principes de Mirabeau, de Turgot et de Burk, ce père de l'économie politique, qui disait que « connaître le meilleur moment et la meilleure manière d'abandonner ce qui est impossible, est le but que doivent chercher les économistes. »

Il y eut une suite d'édits marchant sur ce terrain. Je n'en citerai qu'un qui prouve combien le roi cherchait dès cette époque à rétablir les droits perdus, non-seulement des communes, mais des pauvres : ce fait nous rappelle qu'il existait autrefois un *droit* des pauvres, que nous ne retrouverons plus au milieu de ce progrès moderne qui nous aveugle.

Cet édit de 1780 porte « que désormais les propriétaires ne pourront plus lever aucun chaume de leurs champs une fois les blés sciés, afin qu'ils profitent aux pauvres. »

Quand les parlements eurent arrêté le roi, la lutte devint acharnée; elle n'était plus, comme autrefois, entre les communes, l'aristocratie et la royauté, mais entre l'esprit provincial et le pouvoir central, représenté par la royauté qui avait absorbé la seconde de ces forces; ce qui nous fait considérer comme une erreur l'idée qui prête à la haine contre la féodalité l'esprit de la crise qui, selon nous, commence en 1779.

La féodalité n'existait plus, mais l'aristocratie fut l'enclume sur laquelle on battit le fer chaud de la révolution, parce que l'aristocratie avait été enchaînée au centre, contre lequel l'esprit national se roidissait.

Ce qui aurait fait la force du pouvoir dans l'époque précédente devint donc sa ruine, tant il est vrai qu'un principe ne doit jamais renier la source d'où il est sorti, sous peine de se suicider! La discussion philosophique aggressive prit la place de la spéculation morale, d'autant que les priviléges de l'aristocratie n'avaient plus pour palliatif les devoirs qu'ils entraînaient dans les époques antérieures.

Mais quelle était la position des esprits en 87, quand il était temps encore de diriger la crise sociale hors des voies révolutionnaires?

Le commencement de cette époque difficile fut une suite d'hésitations du pouvoir et d'attaques de la part des parlements, derrière lesquels s'abritaient les provinces et les municipalités. La lutte fut envenimée par le ministère Brienne et Lamoignon; les minorités s'emparèrent et des armes qu'on leur laissait prendre et de l'esprit public, en jetant sur les personnes le peu de popularité des choses. En mai 89 le roi pouvait encore faire un appel à l'esprit national; en accordant aux provinces ce qu'il aurait enlevé aux parlements, il eût ainsi doublé sa force, par la satisfaction donnée au sentiment originaire de la France, sentiment que le pays avait manifesté plusieurs fois par les vœux des assemblées et des états de province, qui invoquaient les coutumes et capitulations inscrites en leur faveur dans les lois constitutionnelles du royaume.

Par la voix des procureurs syndics des états, le Béarn, le Dauphinois, la Bretagne protestèrent contre l'établissement de la cour plénière, à laquelle ils attribuaient le désir de porter atteinte à leurs franchises.

Quand Néker fut rappelé, le gouvernement devait aller au fond de la crise, sans s'arrêter au seuil; il fallait demander aux provinces la force que l'on avait perdue dans Paris, non pas centraliser toujours, mais régler uniformément les assemblées provinciales, ce que les états généraux eussent accepté.

Dès lors les priviléges étant détruits, les libertés restituées à la nation, il ne restait aucune prise aux minorités ambitieuses; mais Néker voulut entrer dans la voie des institutions anglaises, et prépara le gouvernement constitutionnel unitaire qui devait peu à peu enlever légalement toutes les libertés des provinces, en attirant dans son sein toutes les administrations.

Ces nouvelles théories gouvernementales créaient de nouvelles incertitudes dans des consciences honnêtes, et cette hésitation générale avait gagné le roi. Au milieu de cette fermentation des idées, des droits méconnus, des abus qui résistaient à la réforme, ces partis extrêmes préparèrent leur victoire; ils ajoutèrent leur travail souterrain à cet esprit d'opposition et d eréformation qui travaillait sourdement le peuple depuis les états de 1614.

Il fut d'autant plus facile à l'esprit destructeur d'avoir prise sur le pouvoir, que depuis le 27 décembre 1788 le ministère ne s'occupait que des moyens d'être maître des états généranx, par des combinaisons plus ou moins malheureuses, au lieu de les entraîner par la réforme radicale des abus et le retour réel aux institutions primitives.

Toutes les provinces eussent accueilli ces réformes avec joie; car, lors de la convocation des assemblées particulières, avant la réunion des états, les provinces se montraient calmes et dignes.

Mounier écrivait plus tard du Dauphiné : « Les dernières classes attendaient en silence le résultat de nos travaux ..

» Les suffrages furent parfaitement libres : le clergé et la noblesse se montraient généreux, les membres des communes modérés. »

Cette assertion d'un membre éclairé des états de cette époque nous prouve que l'initiative du roi eût facilement réglé cette impulsion libérale.

Mais l'incertitude fit que chacun des états voulut rejeter la faute sur les autres ; on fut en méfiance, on s'aigrit, on se disputa, et les factions étant prêtes, elles se déchirèrent, amenèrent la Convention et la mort de l'infortuné roi.

Ici nous voyons le règne des minorités qui commence, le peuple ne joue plus directement aucun rôle, les ambitions personnelles travaillent en son nom, 93 fait taire tout esprit public sous le bruit de sa hache.

Nous découvrons dans ces faits généraux une lutte perpétuelle, au milieu de laquelle l'esprit décentralisateur de la France apparaît toujours moins radicalement, plus nous marchons dans l'époque moderne ; mais esprit qui se réveille à chaque tendance de despotisme. Or, jusqu'en 89, nos institutions ont été provinciales ; même sous la constitution de 89, elles accordèrent beaucoup à la municipalité, et telle ou telle forme de gouvernement n'en exclut pas le principe.

La centralisation administrative et financière a été la suite inévitable de 1789, nous en avons subi les conséquences ; les changements qui se sont opérés depuis n'ont été que de fausses crises, des *lises* comme les nomme la médecine ; elles ont déplacé le mal sans le guérir.

On a changé et rechangé nos institutions gouvernementales, et d'après l'expérience du passé, l'on peut affirmer qu'on les changera de nouveau ; la forme ne fait rien au peuple ; les institutions le touchent de trop près, au contraire, pour qu'il ne lutte pas afin de les obtenir dans le sens de son esprit national, car un gouvernement doit représenter des choses et non des hommes.

Quant à la position de l'esprit public après 1789, nous verrons qu'une fois les excès de la crise passés, ceux qui la pou=

saient à son extrême perdent peu à peu leur valeur, malgré les circonstances glorieuses que décide le courage de nos soldats.

La réaction impériale en fut le résultat; mais on se fatigue du despotisme de son choix comme de tout autre, et la Restauration remplaça l'Empire; elle ne changea pas la constitution factice dont elle avait hérité de la révolution; elle eût été sauvée si, faisant la part de l'esprit de la crise de 1779, elle eût modifié la centralisation administrative, sans toucher à la centralisation politique.

Quant au principe de la révolution de 1830, il a matérialisé la société; le centre a absorbé toutes les passions, puis les a propagées, et l'esprit public a réagi contre 1830, comme il l'avait fait contre 92, contre 1804, contre 1815, comme il le fera contre 1848, si l'on n'aborde pas la réforme administrative, ce levain que l'esprit public porte toujours dans son sein.

Nous croyons l'avoir démontré, mais examinons encore, avant d'aborder la question en elle-même, les effets produits par la révolution de 1830, car la grande facilité de propagande a répandu avec plus de célérité les conséquences extrêmes qui pouvaient résulter du principe de cette troisième fausse crise.

RÉSULTATS

DE LA

CENTRALISATION SOUS LE DERNIER SYSTÈME.

La doctrine a présidé au système gouvernemental de 1830; elle a marché par l'organisation matérielle au but complexe de la civilisation; de plus, il a fallu qu'elle fît des concessions aux nécessités du gouvernement qui l'avait prise sous son égide.

La dynastie avait à lutter contre le mauvais vouloir ; afin de le détourner, on a lancé le char de l'État sur le rail-way des intérêts matériels ; pour que la nation ne pût sortir de cette voie, on n'a pas protégé la morale du vieil esprit chrétien qui nous avait sauvés de la barbarie ; on rejeta la liberté d'enseignement, parce que l'Université était doctrinaire !

Tandis que la concurrence excessive engendrait l'improbité, que l'agio détruisait les petits capitaux au profit des grands, l'État avait mis la main au dernier terme de la centralisation administrative, sûr moyen de se faire une arme de la corruption.

Mais si la morale ne régnait plus, le bien-être matériel était-il au moins en proportion des sacrifices qu'on lui avait faits ? la richesse de la bourgeoisie financière avait-elle amené le bien-être du petit commerçant, du peuple des villes et des campagnes ? Non, certes ! le 23 février l'a prouvé, car les boutiquiers de Paris n'auraient pas donné la main à l'émeute, si leurs affaires n'eussent pas été dans un état de dépérissement.

L'agiotage avait mis le numéraire à un prix exorbitant ; les petits capitaux étaient toujours absorbés par les plus grands ; le jeu retirait l'argent de l'agriculture, et la concurrence effrénée, aggravant cette situation, donnait un cours forcé à l'escroquerie.

Cette instabilité des capitaux au moment des crises les faisait disparaître, ce qui nous fait dire que l'aristocratie n'a fait que changer d'habitude et de privilége :

D'habitude, parce que l'aristocratie nobiliaire se ruinait, l'aristocratie d'argent accapare, et l'aristocratie socialiste veut prendre ;

De privilége, parce qu'il fut un temps où tout le monde en avait, depuis le roi jusqu'au laboureur ; leurs abus amenèrent 89 ; 89 réforma les priviléges, 92 les transforma en audace, 93 en crime ; 1815 renouvela leur forme, 1830 les changea non-seulement de forme, mais de place ; 1848 les institue au profit d'un bureau de journal.

Toute chose bonne dans son principe devient un vice par son excès ; il en est de même pour la concurrence, dont l'abus jette la perturbation dans la société.

Ainsi, dans la nature, le fruit qui n'est pas cueilli à sa maturité se gâte et tombe, résultat de l'indéfini de toute chose.

Examinons donc la concurrence, car elle fut un des grands moyens du dernier système.

Si la concurrence produit des découvertes, elle produit la fraude ; si elle donne la richesse à quelques-uns, elle devient la ruine d'un plus grand nombre ; si elle emploie plus de bras, elle en attire plus qu'elle ne peut en occuper, et les enlève ainsi à l'agriculture ; si les machines rendent le travail de l'ouvrier moins pénible, elles détruisent la main d'œuvre. Les ouvriers sont les consommateurs des produits ; mais si ces produits sont plus nombreux et coûtent moins cher, ils sont moins parfaits, leur durée est moins longue. La concurrence met l'ouvrier dans une perpétuelle incertitude : une maison est renversée, une autre se relève ; elle tombe, et toujours ainsi ; de telle sorte que l'ouvrier n'est jamais certain du travail du lendemain ; le chômage annule l'augmentation du salaire, qui, dans tous les cas, ne lui suffit plus, car ses besoins ont augmenté en raison du luxe, et non en raison de l'augmentation de sa paie ; le bien-être relatif n'existe donc pas, car la centralisation a accaparé à son profit les bénéfices réels de la concurrence. La valeur légale de l'argent a diminué, mais sa valeur réelle a augmenté ; son terme n'a plus de règle, le jeu est sa base, l'immoralité son moyen.

Assurément je ne veux pas dire pour cela qu'il faille détruire le capital ou la concurrence, mais les forcer à purifier leur source. Il faut que la décentralisation administrative et financière vienne par son seul fait modérer l'action délétère qu'a enfantée l'abus. Par la grande mobilité des capitaux la présence de l'argent est une marque de faveur pour un gouvernement; mais aussi le contraire devient un fait qui peut le renverser; de sorte qu'il dépend de ses voisins, de ses rivaux, d'un ou de plusieurs grands capitalistes.

Et de cette démoralisation, causée par la centralisation, il est résulté les discussions socialistes. En effet, le socialisme est la conséquence du principe centralisateur absolu, puisque sa théorie repose sur la substitution de l'État au propriétaire, et que, par la centralisation, l'État se substitue aux communes.

De là vient la réaction de l'esprit public vers la tendance naturelle que nous lui connaissons depuis le commencement de la nationalité française.

Voyons maintenant si les craintes que nourrissent les provinces et les habitants de Paris eux-mêmes sont sans fondement, et ne font pas un devoir au pays de secouer la dictature d'une ville où les minorités peuvent chaque jour bouleverser le pays tout entier.

L'histoire à la main, abstraction faite des détails et des mœurs, nous sommes dans la même position que celle où se trouvait la France en 1788, en 1792, et nous marchons vers ce qu'elle fut en 1793, moment où une minorité terroriste parvint à intimider non-seulement la représentation nationale et le pays, mais à reculer les conséquences libérales de la crise de 1779. Comparons :

L'effervescence qui a précédé la crise de février avait pour cause des libertés et des réformes nécessaires, mais refusées, puis accordées quand il n'était plus temps. Quand la révolution est faites, les clubs commencent à jeter leur vociférations démagogiques, les ouvriers abandonnent le travail, le gouvernement provisoire applaudit à toutes les demandes exagérées et impraticables des ouvriers, il attaque de tous les côtés la propriété, en principe et en fait; l'élection constitue notre assemblée nationale sous la compression morale et l'abattement;

En 1788, le ministère Calonne propose un projet de réforme

qu'on lui fait retirer ; il est remplacé par le ministère Lamoignon, qui cède lui-même la place à Necker, qui, venu trop tard, est impuissant ; les clubs se forment, les ouvriers s'insurgent, et leur première manifestation est le pillage de la maison du commerçant Reveillon ; les états généraux s'ouvrent au milieu de ces tendances dissolvantes.

Ils veulent en principe reconstituer la propriété ; s'ils l'attaquent, c'est avec l'approbation des parties intéressées , notifiée dans les cahiers. Enfin , le 17 juin 1789, les états vérifiés prennent le nom d'assemblée nationale au milieu de l'agitation la plus vive.

Les rassemblements devant l'Hôtel-de-Ville ont pour pendant les rassemblements de la nuit du 4 août.

Le 15 mai peut rappeler la prise de la Bastille.

Le 23 juin a dépassé de beaucoup les journées des 5 et 6 octobre 1789.

Le parti des assignats a son chef, comme en 93 il eut son auteur.

La Convention eut sa majorité honnête, ce qui ne l'empêcha pas de subir la minorité terroriste. Aujourd'hui cette minorité est représentée à notre assemblée nationale par cette Montagne qui vociférait au pied de la tribune où était M. Denjoy.

Le cri de ralliement de cette minorité , en 93, était les *Droits du peuple;* aujourd'hui c'est le *droit au travail*, masque dont se couvre le communisme.

En 1848 il y a, comme en 90, un moment d'arrêt ; mais songeons qu'avant d'arriver à 92 , la première révolution mit quatre années, et que la nôtre a fait ce chemin en huit mois!...

Sous la première révolution il y eut émigration à l'étranger; en 93, Paris fit subir sa loi désolatrice ; grâce à Dieu, en 1848, nul n'a émigré, nul n'émigrera ; les provinces, si Paris veut recommencer son 23 juin, ne courberont pas la tête.

Le pouvoir est sur une pente fatale , il sera entraîné s'il ne se détourne pas, s'il ne vient pas puiser des forces en affranchissant l'administration des provinces, cette conséquence inévitable de la crise de 1848 et du régime républicain. Oui , nous disons avec douleur que l'Assemblée unique, que le pouvoir a patronée dans la constitution, malgré les souvenirs terribles de la Convention, est un signe funeste qui doit avertir les provinces et Paris lui-même.

Nous citerons à ce propos les paroles d'un homme qui fut un des plus ardents provocateurs de la révolution de 89 : Mirabeau disait dans la discussion du *veto* : « J'aimerais mieux vivre à Constantinople qu'en France, s'il ne l'avait pas (*le veto*); oui, je le déclare, je ne connais rien de plus terrible que l'aristocratie souveraine de six cents personnes, qui demain pourraient se rendre inviolables, après demain héréditaires, et finiraient, comme les aristocraties de tous les pays du monde, par tout envahir. »

La marche des hommes et des institutions nous conduit à une lutte inévitable ; c'est mu par cette pensée désespérante que nous venons défendre la décentralisation, conséquence de la civilisation et du mouvement des esprits et des pouvoirs ; la décentralisation, seule digue à opposer à l'organisation de la Montagne. Il faut restituer au pays ce qu'on lui a indûment enlevé, la moralité par la liberté d'enseignement, le libre arbitre par la décentralisation administrative et financière. Si nous écrivions l'histoire des diverses constitutions de notre pays depuis son origine, nous verrions que ce principe a puisé sa force dans les chartes du viii⁰ siècle, dans celles du xiii⁰, dans les états généraux des xiv⁰, xv⁰ et xvi⁰, dans des états et assemblées de province du xvii⁰, dans les parlements du xviii⁰, dans les conseils généraux du xix⁰.

Après le pouvoir des chefs guerriers, nous avons subi le pouvoir féodal, puis le pouvoir royal, et nous sommes tombés au pouvoir des factions : relevons-nous !...

DES VICES

DE LA

CENTRALISATION ADMINISTRATIVE,

DES AVANTAGES

ET DE LA

NÉCESSITÉ D'UNE RÉFORME.

Les expériences ont-elles manqué pour démontrer les vices de notre administration? en profiterons-nous? Les provinces donnent, il est vrai, un libre cours à leur esprit décentralisateur; mais il faut que le pouvoir du pays, sa représentation constitutive et exécutive, sorte de l'insouciance et de la personnalité. La question de décentralisation administrative touche de près les attributions du pouvoir exécutif; ne pas s'en être saisi dans la constitution même, c'est avoir commis la faute de la première Assemblée Nationale, qui remit après la constitution l'examen des lois régénératrices de toutes les parties du gouvernement, lois dont la révision, dans certaines circonstances, eût modifié la constitution elle-même. La centralisation ou la décentralisation même partielle sont, selon nous, des bases, et non des accessoires.

Quels sont donc les avantages de la centralisation radicale? quels en sont les désavantages ?

La centralisation absolue est un gouvernement dans lequel l'autorité supérieure ne laisse rien, ou presque rien, à la décision des subordonnés; l'État devient une abstraction despotique, un habit trop étroit, qui arrête la libre respiration du corps social.

Napoléon en força les conséquences , parce qu'il voulait détruire les derniers vestiges de la République, et la gêne intérieure ne fut oubliée un instant que par l'éclat de sa gloire.

En principe, la centralisation a un but fortifiant , dont l'abus amène des résultats adjacents , qui en détruisent l'action principale ; elle donne au pays une unité d'action, une spontanéité que le centre communique à toutes les autres portions du territoire ; c'est le résultat de la sociabilité politique, qui répartit également les forces et allume un foyer commercial, industriel et financier, qui réchauffe l'État tout entier.

Mais si la centralisation atteint le but politique , atteint-elle les résultats administratifs qu'elle se propose ? engendre-t-elle la force intérieure qu'elle semble chercher ? Je ne crains pas de répondre négativement ; la centralisation administrative et financière est venue combattre le résultat utile de la centralisation politique. Elle a donné trop d'extension au pouvoir, déversant ainsi sur toutes les parties de la nation le poids des fautes et de l'incurie de ses gouvernements. Le pays , au lieu d'être absorbé par ses propres affaires, est dépendant de l'individualité qui le gouverne et de l'instabilité des pouvoirs.

Autrefois, outre les droits provinciaux, qui étaient une barrière réelle contre l'empiétement, le pouvoir était maintenu par la noblesse et le clergé. Aujourd'hui que ces puissances rivales du pouvoir n'existent plus, la décentralisation partielle est notre seul recours contre *l'absolutisme ;* car toutes les révolutions parcourent l'anarchie, l'absolutisme de l'émeute, l'absolutisme des partis, l'absolutisme d'un seul : or la voix de l'expérience crie aux factions de se méfier de leurs passions, d'oublier leur personnalité, pour convier toutes les forces de la nation au juste partage des droits, sous peine d'être conduits à la servitude. C'est un banquet d'où nul ne veut chasser l'État, mais dont on veut augmenter le nombre des convives.

La centralisation fait trop fortement sentir l'action de l'autorité, tandis que le mieux pour un pouvoir libéral, et surtout républicain, est de se borner à la moindre somme possible de gouvernement et de responsabilité.

La centralisation établit la régularité dans la marche des affaires ; mais elle peut subsister sans l'excès qui la défigure et pèse sur le pays, indépendamment des distances, de l'embarras, des pertes de temps, qu'entraînent la correspondance et la multitude d'agents intermédiaires.

M. Ganilh remarque à juste titre dans sa *Science des finances :* « Que la centralité est un moyen de couvrir les abus, de les sanctionner, de les légitimer. Comme ils dérivent, soit par erreur, soit par surprise, soit par prévention ou préjugé, du pouvoir suprême de qui tout émane, il n'existe pas de contrôle qui puisse les dévoiler, point d'autorité qui puisse les réprimer. Les agents, ses subordonnés, qui seuls pourraient l'éclairer, se taisent par prudence, et trop souvent ils approuvent ce qu'ils devraient blâmer ; que de vertu il leur faudrait pour faire céder l'intérêt de leur place ou de leur avancement au sentiment de leur devoir ! Quand l'action administrative part du degré supérieur, pour descendre par échelons jusqu'aux administrés, tout redressement devient impossible, car on ne peut l'atteindre que par un pouvoir supérieur. »

C'est, en effet, ce pouvoir supérieur que nous établissons par l'extension des pouvoirs municipaux, c'est la base de l'État qui devient multiple, en diminuant, jusqu'au chef qui est la première expression de ce tableau synoptique.

Un gouvernement sape la base de sa puissance en ne se faisant pas respecter. Par la centralisation, on peut l'accuser non-seulement des fautes qu'il fait, mais des améliorations qu'il ne fait pas ; car l'administration ayant des torts que le pouvoir ne peut redresser, ce seul fait le déconsidère ; le mécontentement général s'y joint, la perte de l'estime publique rend son existence précaire, son esprit ombrageux, et lui enlève tout appui.

La centralisation retarde les travaux communaux quand ils n'ont pas immédiatement trait aux nécessités du gouvernement ; la caisse des consignations en enraye toute espèce d'exécution, et souvent une dépense, par le retard qu'on y apporte, par les expertises que le gouvernement doit faire pour s'instruire, se trouve doublée, quelquefois triplée.

L'administration centrale ne peut être suffisamment éclairée, ni assez promptement avertie ; elle se prive de la garantie des intéressés, qui, lésés dans les intérêts locaux, qu'ils connaissent mieux que le gouvernement, sont mécontents et grossissent la force des oppositions.

Quel est en effet le but des fonctions administratives ? C'est une bonne gestion par ceux qui peuvent le mieux faire. Or les parties intéressées directement dans les actes de l'administration sont plus capables d'apprécier et de diriger leurs administrateurs ; s'ils les dirigeaient par la décentralisation, ces agents ne seraient plus dévoués au pouvoir, mais à l'État, qui disposerait ainsi, non-seulement des forces matérielles, mais encore des forces morales du pays.

La centralisation a corrompu toutes les veines du corps français, en faisant indifféremment peser sur lui les systèmes souvent contradictoires de ses divers gouvernements, ce qui a rendu impossible toute politique uniforme, ce qui a neutralisé toute mesure dont la durée eût assuré le succès, ce qui enlève toute force et toute influence sur notre diplomatie, ce qui n'est pas une des moindres causes du délabrement de nos finances et de l'instabilité des capitaux, qui, forcés de vivre au jour le jour, ont procédé par l'agio, de telle sorte que la richesse de nos financiers repose sur un système d'usuriers.

La métropole a tellement absorbé les forces des provinces, que ce trop de force l'a rendue apoplectique ; de telle sorte que les utopies qui eussent été impuissantes , disséminées , en rencontrant de la résistance dans les provinces , se sont précipitées avec fougue comme le sang vers le cœur; et la commotion s'est répercutée sur toutes les autres parties de la nation , avec d'autant plus de violence, que la corruption et le matérialisme du dernier système nous avaient énervés.

Maintenant la centralisation a atteint toute son extension politique ; son résultat administratif, après avoir détruit les derniers germes ethnographiques de nos provinces, a dépassé le but; il est devenu corrosif; son fait n'a plus rien de conservateur, il est non-seulement inutile, mais nuisible.

La décentralisation administrative et financière amènerait au contraire le grand résultat de la destruction des partis. En enlevant le puissant moteur de la corruption , elle rendrait impossible le despotisme des gouvernements; elle serait la barrière infranchissable pour les démolisseurs sociaux ; car les révolutions partielles qu'ils provoquent ne sont qu'un pouvoir renversé par l'unique intérêt d'un autre pouvoir; c'est le règne des individus et de leurs passions , et non le règne des principes. Ce calme qu'elle nous rendrait augmenterait nécessairement la somme de notre sociabilité , de sorte qu'il importerait bien moins à la France d'être république ou monarchie; le pouvoir dépouillé des abus personnels serait jugé froidement; il nous donnerait la sécurité qui fait la grandeur, la richesse d'une nation, et la liberté qui fait sa force.

La centralisation a parcouru sa marche elliptique; elle a soutenu, enrichi, puis démoralisé le pays : il faut qu'elle retourne à sa pure expression politique. Tant que les constitutions ne compteront pas avec l'esprit d'un peuple, avec ses institutions fondamentales, elles n'établiront jamais rien de durable : l'esprit public est le cachet de l'origine d'un peuple, cachet qui se transmet de génération en génération , comme le péché du premier homme.

Le suffrage universel a étendu nos prérogatives politiques ; n'étendra-t-on pas les prérogatives administratives et financières des provinces ?

C'est la sécurité du commerce, qui ne vit que de crédit, car la démoralisation d'une société l'affaiblit ; de sorte que les importations et exportations diminuent ; le malaise double les commotions, et fait disparaître les derniers vestiges de richesse.

Les banques ne peuvent faire honneur à leurs engagements quand une crise centrale détruit leur crédit ; cette impossibilité jette le désordre dans le commerce, dans les fortunes , dans l'honneur des négociants ; par la seule raison que les produits se cachent, leur écoulement se fait plus lentement , et contrarie cette loi économique , qui fait que , « plus tôt un produit est vendu, plus tôt cette portion du capital peut être appliquée à un nouvel usage, de sorte que ce capital occupé moins longtemps coûte moins d'intérêts. »

Le commerce étant la vie d'un peuple et sa puissance, son amortissement tourne au profit des nations rivales, ce qui a toujours poussé l'Angleterre à faciliter et à reconnaître toutes nos révolutions, de quelque nature qu'elles fussent.

Le crédit public est la confiance qu'on a dans les engagements du pouvoir ; cette confiance existe lorsque le gouvernement, par sa forme, ne peut violer ses engagements, et possède des ressources qui assurent son propre crédit. Le gouvernement actuel, la nouvelle constitution nous donnent-ils ces garanties ?... Non, car leurs bases son trop précaires, trop à la merci des révolutions !...

Étendez au contraire les droits administratifs et financiers des départements, immédiatement les enfants de ces départements qui inondent Paris seront forcés de retourner dans leurs localités pour y sauvegarder leurs intérêts ; ils entraîneront avec eux leurs idées, leurs capitaux, pas entièrement, je le sais, mais suffisamment pour jeter dans les chefs-lieux l'industrie et la richesse ; le luxe ne résidera plus uniquement dans Paris, il refluera un peu vers sa source, la province, et l'ouvrier suivra le luxe.

Ces trois grandes puissances, les idées, les capitaux et les bras, vivifieraient aussi les provinces et la France entière, d'autant plus que la centralisation politique attirerait toujours les grands esprits, les grandes lumières qui sont les gloires d'un pays, tandis que la décentralisation administrative et financière ferait retourner dans leur demi-jour les médiocrités qui ne servent qu'à bouleverser la société, mais qui pourraient, dans un cadre plus restreint, devenir utiles à leur pays.

Les capitaux, loin d'un centre unique, créeraient des banques départementales, qui tueraient l'influence de la bourse de Paris, ce balancier des révolutions ; plus répandus, ils produiraient autant et vivifieraient avec le commerce l'agriculture ; les bras inoccupés ne réuniraient pas à Paris leur part d'irritation contre le luxe et les capitalistes.

Cette vie rendue aux provinces procurerait aux arts leur emploi dans leurs départements, nous ne verrions plus quatre ou cinq mille artistes traîner une existence misérable à Paris.

Cette mesure mettrait fin au gaspillage quotidien par lequel jusqu'ici on achetait les consciences et les électeurs.

Les finances de l'État seraient allégées, les dépenses des particuliers diminuées ; l'intéressé, ayant sous sa main l'administration, aurait bientôt provoqué le remède nécessaire au bien-être de sa localité ; et vous établiriez plus facilement ces instituts agricoles si nécessaires

Il faut donc que « le pouvoir arrête le pouvoir, » comme l'a dit Montesquieu, c'est-à-dire que le pouvoir public arrête le pouvoir de l'État ; de sorte que l'un soit le correctif de l'autre.

Les municipalités, si négligées par les électeurs, seraient d'autant mieux composées que les administrés auraient un intérêt plus direct à la bonne administration ; car, habitués à recourir pour toutes choses à l'administration centrale , ils ne considèrent la municipalité que sous un rapport d'amour-propre et de coterie.

Les habitants de Paris ont eux-mêmes intérêt à l'éloignement de cette exubérance de force qui les dévore ; si les commotions réagissent sur les provinces, elles ont une action directe sur la capitale. Si l'existence sociale des provinces est menacée, la fortune des habitants de Paris est mise en demeure à chaque émeute ; ce qui n'existerait plus quand le but que cherche l'émeute ne pourrait être atteint, quand les bras inoccupés ne seraient plus à leur disposition ; d'ailleurs Paris n'a-t-il pas ses communes comme les départements ?

La ville de Paris aurait encore la centralisation politique pour attirer dans son sein le luxe et les étrangers , luxe plus durable, qui lui conserverait cette prépondérance que doit avoir la métropole, pour les services qu'elle a rendus aux arts et aux sciences.

Nous ne voulons pas détruire son utilité , mais la rendre impuissante au mal ; ses lumières n'en seront que plus pures et plus vivifiantes, car toujours les richesses, les grandeurs ont, en affluant dans les capitales , énervé peu à peu les peuples ; elles ont retiré le sang des extrémités zone par zone, et quand le centre a tout possédé , l'ennemi a trouvé les frontières sans force, sans énergie ; de suite il a atteint le cœur ; or le conquérant de la France est aujourd'hui la démoralisation !...

La décentralisation administrative et financière est donc une utilité au point où en est la civilisation française, une nécessité demandée par la nature même de l'esprit public, un droit précédent possédé par nos pères , une conséquence des libertés promises par le principe républicain, et nécessaire à sa durée, car la vie d'un système n'est garantie que par son honnêteté.

C'est l'extermination pacifique de l'émeute, l'abolition inévitable des principes bureaucratiques et financiers.

La réforme administrative que nous demandons est loin

d'être radicale, elle ne touche en rien à la centralisation politique; sauvegarder le pays, tel est son seul objet.

Nous voulons multiplier les grands ressorts de la machine administrative, de telle sorte que le centre, rouage principal, venant à s'arrêter, ne paralyse pas tout l'ensemble.

Cette division est d'autant plus nécessaire, qu'elle correspond aux deux parties bien distinctes de l'administration : la partie politique qui touche la nation, la partie locale qui touche l'individu.

Nous venons donc réclamer : que la commune soit émancipée; que la municipalité soit élective avec toute liberté d'action, sous le seul contrôle du conseil d'arrondissement; ce dernier soumis lui-même au conseil général, qui ne relèverait que du parlement. L'État conserverait son veto sur les actes du conseil général, de sorte qu'une question en litige devrait être provisoirement soumise au conseil d'État, si le parlement ne pouvait en être immédiatement saisi.

Sans enlever à l'État le contrôle des sommes versées, il serait à désirer que l'argent affecté aux départements n'en pût sortir en aucune façon; que les deniers privés fussent décentralisés de la banque de France par l'établissement de banques provinciales. Ces modifications donneraient forcément de nouvelles bases aux emprunts, et détruiraient l'agiotage; elles faciliteraient la réinstitution des corporations, qu'on débarrasserait des entraves et des abus dont elles étaient entourées.

Vous voulez détruire la grandeur de la France en la divisant. Telle est l'accusation que l'on porte contre toute réforme administrative, comme si la France n'avait pas duré pendant quatorze siècles sans centralité administrative; on dirait qu'elle n'a jamais été glorieuse et puissante avant 89. N'est-ce pas de la France qu'est parti l'empire de Charlemagne? Quand donc notre puissance a-t-elle été plus grande et plus durable que sous Louis XIV? plus durable, car jusqu'à la révolution nous avons conservé les traces ineffaçables de cette grandeur. L'empire fut une glorieuse, une admirable épopée, que nous en reste-t-il?... Cette raison n'est donc point un obstacle; la France sait être grande et forte sous toutes les formes, et c'est de son bonheur dont l s'agit dans cette question. Les défenseurs des libertés publiques ne demandent que la garantie des droits du pays, des droits établis par les lois fondamentales de la nation; peu nous importent les hommes, nous demandons les choses...

Jusqu'ici le pouvoir n'a pas été dévoué au pays; il s'est fait l'esclave de ses seules théories; il ne s'est préoccupé que de ses amis, de ses affidés; il a bâti sa maison sans songer à l'édifice de la société.

Le patriotisme éclairé n'est jamais personnel; il doit se sacrifier et se retirer à temps, comme Cincinnatus.

Mais ce patriotisme est rare; le gouvernement qui renoncerait à sa personnalité pour le bien public serait considéré, il serait inébranlable, car il aurait dit à ses ennemis : Venez, et faites mieux que moi!... Et ce pouvoir, comme Philippe-Auguste, aurait sa bataille de Bouvines!...

Mais, hélas! nous sommes loin des hommes de ce temps, et l'esprit public écrasera l'esprit individuel; l'intérêt général, l'intérêt de fraction. Cet esprit n'est que la réaction générale vers la vérité des institutions; réaction sans prise, parce qu'elle n'appartient à aucun parti en particulier. Un gouvernement aura beau se roidir contre cette nécessité de réforme administrative, il aura beau appeler à son aide la dictature, la terreur, l'œuvre publique s'accomplira.

Quant à nous, les principes que nous soutenons sont l'expression des droits du pays; nous les propagerons, nous les défendrons, avec ou malgré la République, comme nos devanciers les ont défendus souvent, malgré certains ministres de la monarchie!...

2400. — Nantes, Imp. de Ch. Gaumard, rue du Pas-Périlleux, 10.